TRAITÉ

ÉLÉMENTAIRE

DES

DÉCLARATIONS DE SUCCESSION

par

A. FOUGERAT

PARIS
IMPRIMERIE E. SAUDAX & Cᴵᴱ
6, Quai des Orfèvres, 6.
1887

TARIF

(Meubles & Immeubles)

LIGNE DIRECTE

Père et mère, grand-père, grand'mère, arrière grand-
ère, arrière grand'mère, enfants, petits-enfants, arrières
etits-enfants. . . . .   1 fr. 0/0

ENTRE ÉPOUX   3 fr. 0/0

LIGNE COLLATÉRALE

1° Frères et sœurs, oncles et tantes, neveux et nièces   6 fr. 50 0/0
2° Grands oncles et grand'tantes, petits-neveux et
etites-nièces, cousins germains. . . . .   7 fr. 0/0
3° Parents au-delà du 4e degré jusqu'au 12e inclus.   8 fr. 0/0

ENTRE PERSONNES NON PARENTES 9 fr. 0/0

En sus du droit principal, il est actuellement perçu deux décimes et
emi. — Pour avoir le droit à payer il faut donc ajouter 1/4 au droit
rincipal, soit :

	au droit de	1 f.	» 0/0	:	0f. 25	au total	1 f. 25 0/0
	—	3	» 0/0	:	0 75	—	3 75 0/0
	—	6	50 0/0	:	1 63	—	8 13 0/0
	—	7	» 0/0	:	1 75	—	8 75 0/0
	—	8	» 0/0	:	2 »	—	10 » 0/0
	—	9	» 0/0	:	2 25	—	11 25 0/0

BASES DE LA PERCEPTION

On perçoit de 20 fr. en 20 fr., ainsi 20 fr. 05 paient comme 40 fr.

Meubles. — **Inventaire ou Etat mobilier.** — Pour les meubles meublants et objets mobiliers, s'il n'y a pas d'inventaire notarié, il faut dresser, sur timbre, un état descriptif et estimatif (*Voir le modèle, page* 22).

Il est perçu sur le montant total de l'estimation. — En cas de vente, avant la déclaration, sur le prix.

Le déclarant illettré est dispensé de l'état mobilier sur timbre.

Immeubles. — Pour les immeubles, il est perçu non sur leur valeur, mais sur leur revenu annuel brut multiplié, savoir :

Pour les immeubles ruraux, par 25,

Pour les immeubles urbains, par 20.

C'est la destination et non la situation d'un immeuble qui détermine son caractère d'urbain ou de rural.

Immeubles urbains. — Est urbain, l'immeuble *principalement* affecté à l'habitation ou à un usage soit industriel, soit commercial.

Immeubles ruraux. — Est rural, l'immeuble principalement affecté à la production des récoltes agricoles, à la production des fruits naturels ou artificiels, prairies, terres labourables et vignobles.

Si les immeubles ne sont pas loués, on déclare le revenu brut dont ils sont susceptibles.

S'ils sont loués, il faut déclarer en sus du loyer ou fermage payé annuellement, les charges supportées par le locataire aux lieu et place du propriétaire.

Exemple : Fermage annuel. . . . . 125 fr.

             Impôt foncier (joindre la feuille à la déclaration). 20 »

             Autres charges annuelles. . . . . 15 »

             Total du revenu annuel . . . . 160 »

             Multiplié par 25. . . . . 4000 »

Usufruit. — L'usufruit s'évalue à la moitié de la valeur des biens.

Usufruit successif. — Pour le legs de l'usufruit à plusieurs personnes, pour en jouir successivement, le droit est dû au décès de chacun des légataires.

Nue-Propriété. — Le nu-propriétaire paie sur la valeur entière.

Toutefois, quand on recueille une somme dont l'usufruit n'est pas encore éteint, il n'est dû par l'héritier, — étant aux droits du nu-propriétaire, — que les droits sur la moitié de la somme.

Non déduction des dettes. — Les dettes de l'héritage ne se déduisent pas de la valeur des biens à déclarer.

Rentes léguées. — **Rente viagère**. — Droit perçu sur la rente annuelle multipliée par 10.

Même perception sur la rente temporaire de plus de 10 ans.

Rente perpétuelle. — Droit perçu sur la rente annuelle multipliée par 20.

Les rentes en nature s'évaluent d'après les mercuriales ; à défaut suivant estimation des parties.

Sociétés. Actions et parts d'intérêts — Pour les actions et parts d'intérêts dans les sociétés, les jeunes clercs, pour lesquels nous écrivons, devront consulter leurs anciens, qui apprécieront les évaluations et les détails que la déclaration devra comporter.

DÉLAIS POUR DÉCLARER

Délais. — Les héritiers ont pour faire leur déclaration à l'enregistrement :

France.	à partir du jour du décès en France, un délai de 6 mois.		
Europe.	—	—	dans une autre partie de l'Europe, un délai de 8 mois
Amérique.	—	—	un délai d'un an.
Asie.	—	—	en Asie et en Afrique (Algérie
Afrique	—	—	comprise) un délai de 2 ans.

Dans le calcul des délais, on ne compte pas le jour du décès. On ne compte pas, non plus, le Dimanche ou jour férié, quand les délais expirent un de ces jours-là.

Prorogation. — Les délais peuvent être prorogés par le Ministre des finances, en suite d'une pétition sur timbre adressée par les intéressés.

(Voir aux formules le n° 1.)

PERSONNES TENUES AUX DÉCLARATIONS.

Les héritiers sans distinction, même ceux bénéficiaires. ⎧ Leurs
Les donataires . . . . ⎬ tuteurs ou
Les légataires . . . . ⎩ curateurs.

Les curateurs aux successions vacantes.

L'un des héritiers peut agir au nom des autres.

Tous, peuvent se faire représenter par un mandataire dont le pouvoir reste déposé au bureau, mais le mandant est responsable des erreurs.

Le mari peut agir au nom de sa femme et des héritiers de celle-ci.

Le nu-propriétaire et l'usufruitier ne peuvent agir l'un pour l'autre. Tous deux doivent se présenter ou être représentés.

BUREAUX OÙ LES DÉCLARATIONS DOIVENT ÊTRE FAITES

Il y a lieu de déclarer :

Meubles corporels. — Les meubles corporels au bureau du lieu où ils se trouvaient au décès.

Meubles incorporels. — Les meubles incorporels au bureau du domicile du défunt.

Immeubles. — Les immeubles au bureau de la situation des biens.

Ventilations. — Si tous les immeubles de la succession sont affermés pour un seul prix, il y aura lieu, pour la déclaration dans chaque bureau duquel ils dépendront, de faire une *ventilation*.

ÉLÉMENTS DES DÉCLARATIONS

Les déclarations de successions doivent contenir principalement :

Le nom, les prénoms, la profession et la demeure du défunt.

Le lieu et la date de son décès.

Les noms, prénoms, professions et demeures des héritiers et légataires, ainsi que leur degré de parenté avec le défunt.

Les titres en vertu desquels ces héritiers et légataires agissent.

La nomenclature des biens délaissés par le défunt, leur estimation, leur revenu. (*Voir le paragraphe* : **Bases de la perception**.)

DROITS DU RECEVEUR et du DÉCLARANT

Receveur. — Le receveur est maître de la liquidation des droits, il peut refuser les réserves contre sa perception.

Déclarant. — Le déclarant peut obliger le receveur à accepter sa déclaration telle qu'il la présente, pourvu, bien entendu, qu'elle contienne les éléments indiqués ci-dessus.(1)

---

(1) On peut obtenir la restitution des droits indûment perçus, par une pétition au Directeur de l'Enregistrement, et, aussi, en poursuivant la régie. M'adressant aux débutants, je n'entrerai dans aucun détail sur cette procédure qui est l'affaire des vétérans.

PÉNALITÉS

Déclarations hors délais. — Quand la déclaration est faite après le délai ci-dessus indiqué, il est dû en sus du droit principal, un demi droit en sus (au lieu de 1 0/0, 1 50 0/0).

Omissions et insuffisances. — Les omissions et les insuffisances dans les estimations des biens déclarés, sont frappées d'un droit en sus (au lieu de 1 0/0 il sera payé 2 0/0).

Tuteurs et curateurs. — Les tuteurs et curateurs sont responsables des pénalités résultant de leur fait.

Les peines sont personnelles, les héritiers de ceux qui les ont encourues n'en sont pas tenus.

On peut également, dans une pétition sur timbre au Ministre des finances, en excipant de sa bonne foi, obtenir la remise des demis droits en sus et doubles droits.

(Voir aux formules, pages 24 à 26.)

SOLIDARITÉ

Solidarité. — Les co-héritiers sont solidaires, pour le paiement des droits de mutation.

Il n'y a pas solidarité entre l'usufruitier et le nu-propriétaire, mais la régie peut saisir les revenus des biens entre les mains de l'usufruitier pour le paiement des droits dûs par le nu-propriétaire.

RENONCIATION AUX CRÉANCES IRRÉCOUVRABLES

Les héritiers peuvent renoncer aux créances irrécouvrables.
Cette renonciation doit être expresse et insérée dans la déclaration.

La régie peut refuser la renonciation : *Elle le fait rarement.*

La créance sur un failli doit l'impôt sur sa valeur réelle, c'est-à-dire sur le dividende que l'actif net de la faillite permettra de distribuer aux créanciers.

PARTAGES

Le partage d'une succession, antérieur au paiement des droits (*délais expirés ou non*) doit servir de base à la déclaration.

Il a même été jugé que la déclaration étant faite, la régie peut réclamer un supplément de droits, d'après le lotissement qu'il contient.

PRESCRIPTIONS

Il y a prescription :

Omissions et insuffisances. — Après deux années, du jour de la déclaration, pour une insuffisance dans une déclaration de succession; après cinq années pour une omission.

Successions non déclarées. — Après dix années à compter du jour du décès pour les successions non déclarées.

Les prescriptions sont suspendues par des demandes signifiées et enregistrées avant l'expiration des délais.

RENONCIATION A SUCCESSION

L'héritier qui renonce est réputé n'avoir jamais hérité. En conséquence, sa part accroît à ses co-héritiers. — S'il est seul, sa part est dévolue au degré subséquent.

QUOTITÉ DISPONIBLE. — RÉSERVE

Si à son décès le défunt laisse :

Descendants.

1 enfant, la réserve est de 1/2, la quotité disponible est de 1/2.			
2 enfants	—	2/3	—	1/3.
3 enfants ou plus —	3/4	—	1/4.

Les petits-enfants ou descendants plus éloignés ont les mêmes droits que les enfants. On ne distingue point s'ils viennent par la représentation ou de leur chef, mais ils ne comptent, dans tous les cas, que pour l'enfant dont ils sont issus.

Ascendants.

Un quart des biens est réservé pour chaque ligue d'ascendants, quels que soient le nombre ou le degré de ceux qui viendront réclamer la réserve.

Le renonçant, tout en perdant sa réserve, compte néanmoins pour calculer le disponible.

Enfant naturel. — L'enfant naturel, bien que n'étant pas héritier, a droit à une réserve qui est du tiers de ce qu'elle serait s'il était légitime. Pour la connaître, il faut admettre momentanément l'enfant au nombre des légitimes, chercher ce qu'il recueillerait en cette qualité, et lui en donner un tiers.

Epoux. — L'époux en premier mariage peut donner à son conjoint — en cas d'enfants — 1/4 en toute propriété et 1/4 en usufruit, ou moitié en usufruit seulement de tous ses biens.

L'époux ayant des enfants d'un précédent mariage ne peut donner à son conjoint qu'une part d'enfant légitime le moins prenant, calculée à raison du nombre de tous les enfants du défunt, de quelque mariage qu'ils soient issus, et sans que, dans aucun cas, la donation puisse excéder le quart des biens.

Le donateur ou testateur n'ayant pas de postérité, mais ayant des ascendants dans les lignes paternelle et maternelle, ne pourra disposer que de la 1/2 de ses biens. Il pourra disposer des 3/4 si il n'a d'ascendant que dans l'une des deux lignes.

L'époux ne laissant ni enfant ni descendant pourra disposer en faveur de son conjoint de tout ce dont il pourrait disposer en faveur des étrangers, et, en outre, de l'usufruit de la totalité de la portion dont la loi prohibe la disposition au préjudice des ascendants.

TABLEAU GÉNÉALOGIQUE

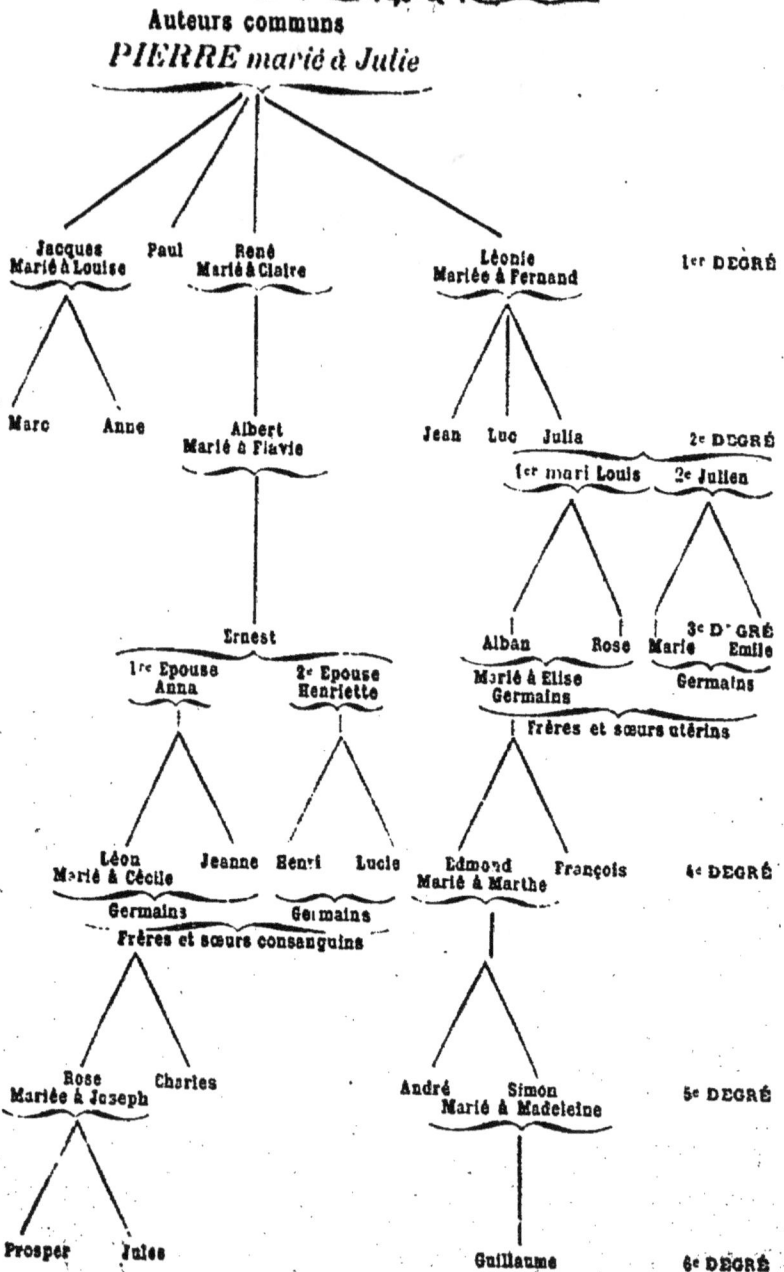

Auteurs communs
PIERRE marié à Julie

Jacques *Marié à Louise* Paul René *Marié à Claire* Léonie *Mariée à Fernand*	**1er DEGRÉ**
Marc Anne Albert *Marié à Flavie* Jean Luc Julia	**2e DEGRÉ**
1er mari Louis 2e Julien	
Ernest Alban Rose Marie Emile	**3e D° GRÉ**
1re Epouse Anna 2e Epouse Henriette *Marié à Elise* Germains Germains	
Frères et sœurs utérins	
Léon *Marié à Cécile* Jeanne Henri Lucie Edmond *Marié à Marthe* François	**4e DEGRÉ**
Germains Germains	
Frères et sœurs consanguins	
Rose *Mariée à Joseph* Charles André Simon *Marié à Madeleine*	**5e DEGRÉ**
Prosper Jules Guillaume	**6e DEGRÉ**

EXPLICATIONS SUR LE TABLEAU GÉNÉALOGIQUE

Ligne directe ascendante.

PIERRE et JULIE

5mes aïeux de Prosper, Jules et Guillaume.

4mes aïeux de Rose, Charles, André et Simon.

Trisaïeux de Léon, Jeanne, Henri, Lucie, Edmond et François.

Bisaïeux d'Ernest, Alban, Rose, Marie, Emile.

Grand-père et grand'mère d'Albert Marc, Anne, Jean, Luc, Julia.

Père et mère de René, Jacques, Paul et Léonie.

Ligne directe descendante

René, Jacques, Paul et Léonie, Enfants de Pierre et Julie, 1er degré.

Marc, Anne, Albert, Jean, Luc, Julia, petits enfants de Pierre et Julie . . . . . . 2e degré.

Ernest, Alban, Rose, Marie, Emile, arrière petits-enfants de Pierre et Julie . . . . . . 3e degré.

Léon, Jeanne, Henri, Lucie, Edmond et François, arrière petits-enfants plus éloignés, 4e degré.

Rose, Charles, André et Simon, arrière petits-enfants plus éloignés . . . . . . 5e degré.

Prosper, Jules et Guillaume, arrière petits-enfants plus éloignés . . . . 6e degré.

LIGNE COLLATÉRALE

Nombre de degrés entre eux

René, Jacques, Paul et Léonie — frères germains 2
Marc, Albert, Jean, — cousins germains 4
Ernest, Alban, — cousins issus de germains 6
Léon, Edmond, — cousins 8
Rose, André, — cousins 10
Prosper, Guillaume — cousins 12
Jacques, *oncle* de Albert, Jean, Luc et Julia 3
   — grand-oncle de Ernest, Alban, Rose, Marie, Emile 4
   — arrière grand-oncle de Léon, Jeanne, Henri, Lucie, Edmond, François. 5

Je crois inutile de continuer ces explications, le collègue, je pense, se rendra maintenant compte du degré de parenté entre deux personnes en ligne collatérale.

Il doit voir qu'il faut compter toutes les générations depuis l'un jusqu'à l'autre de ces parents inclusivement, en remontant de l'un jusqu'à l'auteur commun *qui ne se compte pas*, et en descendant, ensuite, depuis cet auteur commun jusqu'à l'autre parent.

PARENTHÈSE

J'avais d'abord songé à présenter des formules graduées, mais j'ai reconnu que cela me mènerait beaucoup trop loin.

Je me suis donc borné à présenter une **Déclaration Typo**, dans laquelle un jeune clerc, trouvera les éléments du plus grand nombre des déclarations qu'il est appelé à rédiger.

J'ai fait suivre cette déclaration type de cinq autres déclarations qui, tout en renseignant le clerc sur les dévolutions des successions les plus ordinaires, complèteront ses connaissances des éléments que doivent renfermer les déclarations. Pour les dévolutions non prévues dans ces déclarations, le clerc devra donc consulter le code et le tableau généalogique.

Un modèle d'état mobilier, avec procuration par les héritiers pour déclarer en leur nom, des formules de pétitions en prorogation de délais et en remise de droits en sus, et une table alphabétique des matières terminent cette brochure.

Je ne voulais dans ce petit travail, que faire connaître les premières règles des déclarations de successions et rendre facile aux débutants la rédaction des plus simples de ces déclarations, mais je me suis laissé entraîner, un peu, au-delà de mon but, je ne regrette pas cette *surabondance* qui profitera aux chercheurs et aux travailleurs, si nombreux dans le notariat.

DÉCLARATION-TYPE

M. Pierre Jacques MORIN, en son vivant horticulteur, est décédé en son domicile à Chartres, rue Nouvelle, n° 45, le 6 Juin 1885.

Il a laissé :

I. Sa veuve Madame Marie-Françoise GAUTIER, sans profession, demeurant à Chartres, rue Nouvelle, N° 45.

Commune en biens acquêts, aux termes de leur contrat de mariage, reçu par M° ROBIN, notaire à Chartres, le 1er Mai 1852.

Donataire aux termes du même contrat (ou suivant acte reçu par M°   notaire à   le   18) de moitié en usufruit de tous les biens qui composeraient sa succession.

II. Et ses enfants et petits enfants ci-après nommés pour seuls héritiers :

1° Madame Hortense Octavie MORIN, épouse de M. Jacques-Henri-

Gustave GRISON, charpentier, avec lequel elle demeure à Chartres, rue de la Gare, N° 8.

2° M. Arsène Émile MORIN, célibataire majeur, serrurier, demeurant à Chartres, rue Nouvelle, n° 45, chacun pour 1/3.

3° M. Antoine Paul MORIN, Mlle Ernestine Renée MORIN.

Mineurs sous la tutelle naturelle et légale de Madame Florence-Georgette THOMAS, leur mère, demeurant à Chartres, rue des Minimes, n° 15, nés du mariage de cette dernière avec feu M. Camille Vincent MORIN.

Le dit M. Camille Vincent MORIN, fils de M. Pierre Jacques MORIN decujus, ensemble pour 1/3 ou chacun 1/6.

Il y a lieu de se préoccuper avant de continuer, et cette préoccupation est nécessaire dans presque toutes les déclarations, d'établir les droits et charges des trois patrimoines en présence desquels on se trouve :

Celui de la communauté ou de la société d'acquêts (La séparation des biens absolue est assez rare).

Celui de l'épouse.

Celui de l'époux.

Le clerc fera donc d'abord l'état des reprises des époux.

A cet effet, il devra consulter tant le contrat de mariage (à l'occasion des apports et dots) que tous les actes au cours du mariage, même les déclarations de successions, pouvant établir ce qui est échu pendant le mariage aux époux par successions, donations, legs ou autrement.

Tout ce qui ne se trouvera pas en nature, sera mis par le clerc à la charge de la communauté ou de la société d'acquêts et si, en ce qui concerne l'épouse, ces communauté ou société étaient insuffisantes pour lui payer ses reprises, la différence devrait lui être payée par son mari.

Il arrive souvent que l'exercice des reprises de la femme fait la déclaration de la succession du mari négative. (Voir formule de déclaration négative, page 21).

Les époux peuvent être débiteurs envers la communauté ou la société d'acquêts.

Par exemple, si, sur l'actif de cette communauté ou de cette société il a été prélevé des sommes pour payer leurs dettes personnelles, augmenter leurs biens propres ou doter leurs enfants.

Les sommes ainsi prélevées devront être déduites de leurs reprises, mais il ne faudra pas oublier de déduire de l'actif de leurs successions les sommes qui ont servi à payer les dots par eux constituées aux termes des contrats de mariage de leurs enfants, ces sommes, en effet, ont déjà été frappées, lors de l'enregistrement du contrat de mariage, des droits de mutation.

J'engage les jeunes clercs à consulter leurs anciens sur les termes des donations entre époux.

Il peut y avoir lieu de rapporter fictivement à l'actif de la succession, pour le calcul des droits de mutation entre époux, les biens ou la valeur des biens donnés entre vifs par le decujus. Je l'ai fait dans cette déclaration que je continue.

REPRISES DES ÉPOUX :

§ I. REPRISES DE Mme MORIN.

1° *Pour sa dot, quittancée par la célébration du mariage* . 15,000 fr.

2° *Pour les sommes qui lui ont été attribuées, lors du partage de la succession de feu M. Jean GAUTIER, son père, reçu par Me ROBIN, notaire à Chartres, le 4 Novembre 1863, et dont cet acte contient quittance.* . 7,500 fr.

3° *Le legs de 5,000 francs à elle fait par M. Pierre Irénée DUMAS, son oncle, décédé à Loches, le 2 Septembre 1871, et qui a été touché suivant acte reçu par Me BAURAIN, notaire à Loches, le 24 Février 1872.* . . . 5,000 fr.

4° *Le prix de la maison à Chartres, rue de Plaisance, n° 5, qui lui était propre, et qui a été vendue à M. LAUNAY, suivant acte reçu par Me DAVELINE, notaire à Chartres, le 8 Juin 1868, moyennant 8,000 fr. payés comptant* . . . . 8,000 fr.

Total des reprises de Madame MORIN . . . . 35,500 fr.

Mais la dite dame est débitrice envers la communauté des sommes ci-après payées par celle-ci en son acquit :

1° *375 francs, pour droits de mutation payés après le décès de son père* . . . . . 375 fr.

2° *430 francs, pour sa part des frais du partage de la succession de ce dernier* . . 430 fr.

3° *406 francs 25 cent., pour droits de mutation payés après le décès de M. Pierre-Irénée DUMAS, son oncle.* . . . . 406 fr. 25

4° *Et 1875 francs pour réédification du mur de façade de sa maison sise à Chartres, rue de Plaisance, n° 5* . . . . 1,875 fr.

Au total . . . . . 3,086 fr. 25   3,086 fr. 25

Reste aux reprises de Madame MORIN. .   32,413 fr. 75

À reporter. . . . 32,413 fr. 75

report. . . . . 32,413 fr. 75

§ II. REPRISES DU DÉFUNT

La succession du decujus est en droit, d'exercer la reprise :

1° De la somme de 6,000 francs, montant de l'apport en mariage du défunt ci . . . . 6,000 fr.

2° Et de celle de 3,000 francs pour son tiers dans les valeurs purement mobilières par lui recueillies dans la succession de Jeanne DARBEY, veuve Jean MORIN, sa mère, dont il était héritier pour cette quotité, la dite succession déclarée à Chartres, le   n°. 3,000 fr.

Au total. . . . . . . 9,000 fr.

RÉCOMPENSES

Mais le défunt doit récompense de la somme de 6,000 francs, que son épouse et lui, ont constituée en dot à Madame GRISON leur fille, aux termes du contrat de mariage de cette dernière, reçu par Me DAVELINE, sus nommé, le 12 Novembre 1872, laquelle dot, quittancée par la célébration du mariage, a été stipulée imputable d'abord sur la succession du prémourant des donateurs et, subsidiairement, s'il y avait lieu, sur celle du survivant. . . . . 6,000 fr.

Reste aux reprises du défunt. 3,000 fr.   3,000 fr.

Total des reprises, ... 35,413 fr. 75

COMMUNAUTÉ

§ I. ACTIF MOBILIER

La communauté des époux se compose de :

1° Meubles meublants et objets mobiliers détaillés en l'inventaire dressé après le décès de M. MORIN, par Me ROBIN, notaire à Chartres, le 4 Juillet 1885 (ou dans un état descriptif et estimatif déposé) et estimés. 1,500 fr.

A reporter. . . . . . 1,500 fr.

report. . . . . . 1,500 fr.

2° *Deniers comptants.* 2,000

3° *Créance sur M. Paul BOURGEOIS, marchand boucher, demeurant à Chartres. rue de la Cathédrale, n° 27 bis, résultant d'un acte reçu par M. ROBIN, notaire, en la dite ville, en date du* (ou d'un *jugement rendu par le tribunal de* le

3,000 fr.

Intérêts courus à 5 0/0 l'an, du au jour du décès 112 fr. 50

4° *Créance verbale sur M. Alix LAURENT, représentant de commerce, demeurant à Chartres, non productive d'intérêts.* . . . . 600 fr.

5° *Valeurs de bourse.*

(Cours au jour du décès)

1° *Un titre de 100 fr. de rente 3 pour cent, numéro , série , au nom de :*
au cours de 81,35 . . . . 2,711 fr. 68

2° *Une action de la C° générale des mines de diamant dont le siège est à de 500 francs.*

Cours au décès. . . . . 495 fr.

Il restait à libérer . . . . 125 fr.

Net. . . . . . . 370 fr. 370 fr.

Prorata du 1er Avril au 6 Juin 1885, du loyer d'une maison sise à Chartres, rue de la Fidélité n° 12, propre à Madame MORIN, louée verbalement à M. Valentin, moyennant un loyer annuel de 730 francs par an . . . 132 fr.

Total de l'actif mobilier. . . . . . 10,426 fr. 18

ACTIF IMMOBILIER

Une maison située à Chartres, rue Nouvelle, n° 45, occupée entièrement par le défunt et son épouse susceptible d'un revenu annuel brut de. . . . . . 3,400 fr.

Capital par 20 . . . . 68,000 fr.

Total de l'actif de communauté. . . . . . 78,426 fr. 18

A déduire :

1° *Les reprises des époux* . . . . 35,413 fr. 75

2° *Le préciput de 1,500 francs stipulé en faveur du survivant des époux aux termes du dit contrat de mariage* . . . . 2,500 fr.

Total. . . . . . . 37,913 fr. 75 37,913 fr. 75

Reste à la communauté. 40,512 fr. 43

dont moitié est de 20,256 fr. 21

ACTIF DE LA SUCCESSION

1° *Moitié du boni de communauté* . . . . 20,258 fr. 21
2° *Montant des reprises nettes* . . . . 3,000 fr.
3° *Rapport de la dot constituée à Madame GRISON* . 6,000 fr.
                                    Au total. . . . . . 29,258 fr. 21
dont 1/2 soumise à l'usufruit de la Veuve. . . . . . . 14,628 fr. 10
Reste en toute propriété aux héritiers. . . . . 14,628 fr. 11
A déduire la dot de Madame GRISON, qui a déjà été
frappée du droit de mutation. . . . . 6,000 fr.
                                    Il reste. . . . . . 8,628 fr. 11
Droits des héritiers en nue propriété . . . . 14,628 fr. 10
                        Total aux héritiers. . . . . . 23,256 fr. 21

Droits à 1 0/0, 232 fr. 60 ⎫
            $\times^{mn}$ 58 fr. 15 ⎬ 290 fr. 75

à 3 0/0 sur usufruit de 14,628 fr. 10
            soit 7,314 fr. 05 — 7,320. 219 fr. 60 ⎫
                        $\times^{mn}$ 54 fr. 90 ⎬ 274 fr. 50

                Timbre de quittance 0 fr. 25
                                      565 fr. 50

AUTRES CAS DE DÉVOLUTIONS DE SUCCESSIONS

I. — Succession recueillie par le père et la mère du défunt.

M. Guillaume LIGEARD, célibataire majeur, employé au ministère de la guerre, est décédé en son domicile, à Paris, rue de Babylone, n° 27, le 15 Novembre 1886, sans avoir testé, sans postérité, et sans laisser ni frère, ni sœur, ni descendant d'eux.

Sa succession est échue :

A M. Pierre LIGEARD, officier retraité, et à Madame Marie DAUVIN, son épouse, demeurant ensemble à Versailles, rue de la Pompe, n° 112.

Cette succession se compose seulement :

1° Des meubles et objets mobiliers et des hardes du défunt, le tout décrit et estimé dans un état mobilier déposé, le montant de cette estimation est de. . . . . 325 fr.

2° D'un livret de la Caisse d'Epargne de Paris, portant le numéro 28,735, 6° série, dont le montant au jour du décès étant de. 127 fr. 85

3° Et d'un titre de cinquante francs de rente française 3 0/0 à son nom, numéro   , série   , d'une valeur au jour du décès au cours de 81 fr. 05 de. . . . 1,350 fr. 83
                        Au total ci. . . . . . 1,803 fr. 18

droit à 1 0/0 . . . . 18 fr. 20
décimes . . . . 4 fr. 55
timbre de quittance . . . 0 fr. 25

II. — Succession se divisent par moitié entre les ascendants de la ligne paternelle et ceux de la ligne maternelle.

M. Jules LABBÉ, marchand boucher, époux de dame Marthe DOUSSAINT. est décédé en sa demeure, à Vincennes, (Seine) rue Daumesnil, 14, le 25 Septembre 1885, sans avoir fait aucune disposition testamentaire, ou donation, et ne laissant ni postérité, ni frère, ni sœur, ou descendant d'eux.

La succession est échue :

Dans la ligne paternelle à Jeanne Grandin son aïeule, veuve de Claude LABBÉ, propriétaire, demeurant à Paris, rue du faubourg Saint-Antoine, n° 75. Héritière pour moitié.

Et dans la ligne maternelle à Madeleine SAUVOT veuve de Jean LABBÉ, sa mère, demeurant à Saint Mandé (Seine) rue de la Gare, n° 15. Héritière aussi pour moitié.

Le défunt et sa dite épouse étaient soumis au régime de la Communauté légale de biens, à défaut de contrat de mariage préalable à leur union.

Inventaire des forces et charges de cette communauté et de la succession de M. LABBÉ decujus a été dressé après le décès de ce dernier par Mᵉ BOISSON, notaire à Vincennes, le 12 Octobre 1885.

Il résulte de cet inventaire que les époux LABBÉ-DOUSSAINT, ne possédaient aucun bien en propre; que ni l'un, ni l'autre n'avait de reprise à exercer, et ne devait de récompenses à la communauté.

Qu'enfin la succession de M. LABBÉ decujus se composait seulement de la moitié des biens meubles ci-après, dépendant de sa communauté.

1° Mobilier de ménage prisé au dit inventaire . . . . . 835 fr.

2° Fonds de commerce de marchand boucher exploité à Vincennes, rue Daumesnil, n° 14, clientèle, achalandage et matériel le tout prisé . . . . 3,000 fr.

3° Loyers d'avance . . . . 450 fr.

4° Dépôt au gaz . . . . 20 fr.

5° Créances commerciales irrécouvrables, détaillées en l'inventaire et s'élevant à . . . . 1,230 fr.

5° Créances commerciales recouvrables, également détaillées au dit inventaire, et auxquelles les héritiers déclarent formellement renoncer. 2,627

7° Deniers comptants . . . . 400 fr.

Total à la communauté . . . . . 5,935 fr.

à reporter . . . . 5,935 fr.

	report	5,935 fr.
Moitié à la succession		2,967 fr. 50

	droit à 1 0/0 . . .	29 fr. 80
	décimes	7 fr. 45
	timbre de quittance	0 fr. 25
		37 fr. 50

III. — Succession recueillie par les ascendants et par l'époux survivant.

Nous reportant à la déclaration qui précède, nous supposons le cas où M. Labbé decujus aurait donné à son épouse la toute propriété de tous les biens meubles et immeubles dont il pourrait disposer au jour de son décès, avec stipulation que cette donation comprendrait même l'usufruit de la portion réservée par la loi aux ascendants (Voyez : quotité disponible, Réserve).

Nous aurons alors l'aïeule paternelle et la mère du défunt, héritières à réserve ensemble pour moitié, ou chacune pour un quart, du défunt.

Et l'épouse donataire de l'autre moitié, et ayant droit à l'usufruit de la moitié réservée aux ascendants.

La perception sera ainsi modifiée.

L'actif de la succession est de	2,967 fr. 50
Dont 1/2 aux ascendants	1,483 fr. 75
Et moitié à l'épouse survivante	1,483 fr. 75
Usufruit à la même de la moitié échue aux ascendants, soit valeur de cet usufruit	741 fr. 87
Total à l'épouse	2,225 fr. 62

droit à 1 0/0 sur 1,483 fr. 75 ou 1,500. 15 fr.		
×mes 3 fr. 75	}	18 fr. 75
droit à 3 0/0 sur 2,225 fr. 62 ou 2,240. 67 fr. 20		
×mes 16 fr. 80	}	84 fr.
Timbre de Quittance		0 fr. 25
Total des droits		103 fr.

IV. — Succession en lignes directe et collatérale. — Biens recueillis grevés d'usufruit pour partie. — Legs à une étrangère.

M. Armand PAJOT célibataire majeur, propriétaire, est décédé en son domicile, à Paris, rue Richelieu, n° 17, le 12 Octobre 1883.

Il a laissé pour héritiers :

1° M. Louis PAJOT, son père, ancien négociant, propriétaire, demeurant au dit lieu.

Héritier à réserve pour un quart.

2° Madame Jeanne PAJOT, sa sœur germaine, épouse de M. Lucien BLANDIN, négociant en soieries, avec lequel elle demeure à Paris, rue du Sentier, n° 25.

Héritière pour trois quarts.

Et par son testament olographe, en date à Paris, du 28 Décembre 1882, déposé judiciairement à Mᵉ LANTIN, notaire à Paris, le 20 Octobre 1883, le défunt a légué à Mademoiselle Jeanne DUMAY, fleuriste, demeurant à Paris, rue Thévenot, n° 11, une somme de dix mille francs payable dans les six mois de son décès sans intérêt.

Délivrance de ce legs a été consentie, par les héritiers sus nommés du decujus, suivant acte reçu par le dit Mᵉ LANTIN, le 2 Novembre 1883.

ACTIF DE LA SUCCESSION

Les biens délaissés par feu M. PAJOT, se composent :

1° De sa garde-robe et ses bijoux prisés cinq cents francs dans un état mobilier déposé . . . . 500 fr.

2° De ses droits, non encore liquidés, dans la succession de Madame Marie BARRIER, sa mère, épouse de M. PAJOT, sus nommé, laquelle est décédée en sa demeure à Paris, rue Richelieu, n° 17, le 6 Septembre 1881, laissant :

1° Pour seuls héritiers chacun par moitié, Madame BLANDIN déjà nommée et M. PAJOT decujus, ses deux enfants nés de son mariage avec le dit M. PAJOT père.

2° Et comme donataire de moitié en usufruit de tous ses biens le dit M. PAJOT, son mari, suivant acte reçu par Mᵉ LANTIN, le 20 Mai 1877.

La succession de Madame PAJOT, comprenait, ainsi qu'il appert de la déclaration faite après son décès au cinquième bureau des successions à Paris, le   numéro

(Déclaration dont il sera bon, pour la concordance des évaluations, d'avoir la copie sous les yeux.)

La moitié des biens ci-après dépendant de la communauté légale de biens ayant existé entre elle et son dit mari, à défaut de son contrat de mariage.

§ I. MEUBLES.

1° Les meubles et objets mobiliers décrits dans un état déposé, et estimés . . . . 2,600 fr.

à reporter. . . . . . 2,600 fr.   500 fr.

reports. . . . . . 2,600 fr.   500 fr.

2° **Créances.**

La somme de 3,000 francs due par M. JABIN,
jardinier à Fontenay-aux-Roses, productive
d'intérêts à 5 0/0 l'an, en vertu d'obligation
devant M° DELMAS, notaire, à Paris, le
15 Septembre 1875. . . . 3,000 fr.
Intérêts courus du   3,082 fr. 60
au jour du décès. . . . . 82 fr. 60

Et la somme de 900 fr. due verbalement
et sans intérêts, par M. CÉRON, charpentier
à Bourg-la-Reine, grand'rue, n° 26. . . . .   900 fr.

Un titre de 50 fr. de rente française 3 0/0
au porteur n°   qu'il n'y a pas lieu de
déclarer, ce titre ayant été vendu avant le
décès de M. PAJOT pour acquitter les frais
funéraires de Madame sa mère.

        Au total. . . . . .   6,582 fr. 60
dont 1/2 à la succession de M⁰ᵉ PAJOT. .   3,291 fr. 30
Cette moitié revenant :   1/2
Pour moitié en toute propriété aux héritiers de Madame PAJOT. . . . .   1,645 fr. 65
dont 1/2 au decujus . . . .   822 fr. 83   822 fr. 83
l'autre moitié. . . . . . . 1,645 fr. 65
Revenant en usufruit à
M. PAJOT père , ...   1/2
et en nue propriété à ses deux
enfants par 1/2 , ...   822 fr. 83
Le decujus ne possédait à
son décès que la nue propriété
de 822 83 soit   411 fr. 41

    Total de la succession mobilière du de cujus   1,734 fr. 24

§ II. IMMEUBLE

Une maison sise à Paris rue Saint Martin n° 34, louée
à MM. TELLIER et Cⁱᵉ négociants, suivant bail devant
M° DUROSAY, notaire à Paris, en date du
moyennant un loyer annuel de 14,000 francs   14,000 fr.
Et la charge de l'impôt foncier, s'élevant,
suivant feuille ci-jointe, à. . . . .   640 fr.
       Total. . . . . . .   14,640 fr.
    A reporter. . . . . . .   14,640 fr.   1,734 fr. 24

Reports.	14,640 fr. 1/2	1,734 fr. 24
dont 1/2 à la succession de Madame PAJOT	7,320 fr. 1/2	
1/2 de cette moitié pour chaque héritier. .	3,660 fr. 1/2	
dont 1/2 en toute propriété.	1,830 fr.	
Et 1/2 en nue propriété (l'usufruit à M. PAJOT père)	915 fr.	
au total.	2,745 fr.	
capital par 20.		54,900 fr.
Total à la succession de M. PAJOT fils		56,634 fr. 24
déduisant le legs de Mlle DUMAY		10,000 fr.
Reste aux héritiers		46,634 fr. 24
applicables aux meubles pour.		1,734 fr. 24
Et aux immeubles par la différence.		44,900 fr.

Liquidations des droits :

Legs à Mlle DUMAY 10,000 fr. à 9 0/0	900 fr.	1,125 fr.
×^{mes}	225 fr.	
M. PAJOT père, doit à 10/0 1° sur les meubles 1/4 de . . 1,734 fr. 24 — 433 fr. 56 —	4 fr. 40	
×^{mes}	1 fr. 10	
Total.	5 fr. 50	
2° Sur les immeubles 1/4 de 44,900 fr. soit 11,225 fr. — 112 fr. 40	140 fr. 50	
×^{mes} 28 fr. 10		
Total. . . . . . 146 fr.		146 fr.
Madame BLANDIN doit à 6 fr. 50 0/0 1° sur 3/4 des meubles 1,300 fr. 68	85 fr. 80	
×^{mes} 21 fr. 45		
	107 fr. 25	
2° sur 3/4 des immeubles 33,675f. 2,189f. 20	2,736 fr. 50	2,843 fr. 75
×^{mes} 547f. 30		
Timbre de quittance.		0 fr. 25
Total des droits.		4,115 fr.

DÉCLARATION NÉGATIVE

M. Louis DELPONT, marbrier, est décédé en sa demeure, à Paris-Passy, rue de la Pompe, n° 45, le 17 Mars 1882.

Il a laissé :

1° La dame Rose TROUSSET, son épouse, demeurant au dit lieu.

Commune en biens acquêts, aux termes de leur contrat de mariage reçu par M. DOUSSAINT, notaire à Corbeil, le 17 Juin 1854.

Et donataire, aux termes du même contrat, de la toute propriété de tous les biens qu'il délaisserait à son décès, avec stipulation qu'en cas d'enfant (cas arrivé) cette donation serait réduite à 1/1 en toute propriété et 1/4 en usufruit des dits biens.

II. Et pour seuls héritiers, chacun pour moitié, ses deux enfants.

M. Pierre DELPONT, marbrier, demeurant à Paris-Passy, rue de la Pompe, n° 45, et Mme Marie DELPONT, épouse de M. Georges LAUNAY, fourreur, demeurant à Paris, quai de la Mégisserie, n° 6,

Inventaire a été dressé, après le décès de M. DELPONT, par M. DOUCET, notaire à Paris, le 20 mars 1882.

REPRISES DES ÉPOUX
§ I. Madame DELPONT

1° Montant de son apport en mariage	15,000 fr.
2° Prix de la vente, faite au sieur Rozé suivant contrat devant le dit M. DOUSSAINT, le 11 Novembre 1878, (contenant quittance de ce prix,) d'une maison sise à Corbeil, rue d'Albret, n° 23, propre à la dite dame, comme lui provenant des successions de ses père et mère	28,300 fr.
Total	43,300 fr.

§ II. Monsieur DELPONT

Montant de son apport au mariage	5,000 fr.
Total des reprises des époux . . .	48,300 fr.

ACTIF DE LA COMMUNAUTÉ

Mobilier prisé en l'inventaire	1,732 fr.
Fonds de commerce de marbrier, exploité à Paris-Passy rue de la Pompe, n° 45, estimé	8,000 fr.
Marchandises	1,230 fr.
Créances commerciales s'élevant à	3,425 fr.
Loyer d'avance	1,000 fr.
Deniers comptants	160 fr.
Total de l'actif de communauté	15,547 fr.

Les reprises de la veuve s'élevant à 43,300 fr. absorbent, et au delà, cet actif.

Le défunt ne possédant aucun bien propre, la présente déclaration est négative.

ÉTAT MOBILIER — PROCURATION

Etat des meubles et objets mobiliers dépendant de la communauté de biens ayant existé, aux termes de leur contrat de mariage reçu par M⁰   , notaire à   le   entre M. Pierre GAUGUIÉ, rentier et Madame Sophie DUFÉGNE, son épouse, demeurant ensemble à Paris, passage de l'Industrie, n° 12, où ladite dame GAUGUIÉ est décédée, le 22 Mars 1887.

I. DANS LA CUISINE

1° 3 poêles, 2 poêlons, 5 casseroles en cuivre prisés.

2 etc.

Faire succinctement le détail de chaque pièce, totaliser et terminer ainsi :

Certifié sincère et véritable par :

1° M. Pierre GAUGUIÉ sus nommé. Donataire de moitié en usufruit de tous biens délaissés par son épouse, en vertu de leur contrat de mariage sus énoncé.

2° M. Arthur GAUGUIÉ, peintre en bâtiments demeurant à Paris, passage de l'Industrie, n° 12.

Ce dernier agissant tant en son nom personnel que comme se portant fort de : 1° Auguste GAUGUIÉ, élève en pharmacie demeurant à Paris, rue Montmartre, n° 17. 2° Et Madeleine GAUGUIÉ, épouse d'Octave DESURMONT, mécanicien, avec lequel elle demeure à Paris, rue de la Chapelle, n° 126, ses frère et sœur germains, seuls héritiers avec lui de la dite dame GAUGUIÉ, leur mère.

Lesquels donnent pouvoir à M

De pour eux et en leur nom, se présenter à tel bureau d'enregistrement qu'il appartiendra et y faire la déclaration des biens dépendant de la succession de la dite dame GAUGUIÉ.

Payer tous droits de mutation, en retirer quittance, faire tous dires, signer et émarger tous registres, former toutes demandes en remises et restitutions, faire toutes réquisitions, même extra judiciaires, en un mot faire tout ce qui sera utile et nécessaire, promettant l'avouer.

Donné à   *le*

FORMULES DE PÉTITIONS
AU MINISTRE DES FINANCES

I. Pétition en Prorogation de délai.
A Monsieur le Ministre des finances.

MONSIEUR LE MINISTRE,

Je soussigné, Pierre GENDRI, mécanicien, demeurant à Bourges.

Agissant tant en mon nom personnel qu'au nom de mes co-héritiers ci-après nommés.

Ai l'honneur de vous exposer : que M. Lucien GENDRI, entrepreneur de travaux de maçonnerie est décédé en sa demeure, à Paris, rue Buffault, n° 15, le 17 Septembre 1880.

Qu'il a laissé pour héritiers :

1° M. François GENDRI, son père, sans profession, veuf de Madeleine DOUCET, demeurant à Vierzon.

Pour un quart à réserve.

2° Madame Marie GENDRI, épouse de M. Alexis CORTET, charpentier avec lequel elle demeure à Etampes.

2° M. Jules GENDRI, horloger, demeurant à Paris, rue Lafayette, n° 18.

3° Et Pierre GENDRI soussigné ; ses frères et sœurs germains

Pour trois quarts ou chacun 6/8.

Que le seul actif de cette succession consiste dans les droits du défunt dans la société ayant existé en nom collectif entre lui et M. Pierre Bernard, suivant acte devant Me Béranger, notaire à Paris, le 12 Octobre 1884, enregistré et publié, pour l'exploitation d'une entreprise de travaux publics, sous la raison sociale « Bernard et Gendri » et dont le siège était à Paris, rue Blanche n° 60.

Que ce n'est que le 23 février dernier, sur la demande des héritiers Gendri, que le tribunal de commerce de la Seine a nommé un liquidateur de cette société, et que ce dernier vient seulement de commencer les opérations de la liquidation.

Que les héritiers sont actuellement dans l'impossibilité de déclarer l'importance des droits du dcujus dans la dite société.

C'est pourquoi, Monsieur le Ministre, je sollicite de votre bienveillance une prorogation de six mois, du délai d'exigibilité des droits dus par suite du décès de mon frère sus nommé.

Veuillez agréer, Monsieur le Ministre, l'assurance de mon profond respect.

Signature,

Bourges, le

II. Pétition en remise de demi droit en sus.

Laissez subsister la pétition qui précède, jusqu'aux mots : Que le Tribunal de la Seine a nommé un liquidateur de cette société, et continuez ainsi : lequel n'a pu faire connaître les droits du défunt dans la dite société que le 27 juillet suivant.

Les héritiers, préoccupés de la demande par eux dirigée contre M. Bernard, peu versés d'ailleurs dans la connaissance des lois fiscales, et persuadés que, n'étant pas entrés en possession de l'héritage, ils ne devaient pas l'impôt, ont laissé expirer le délai prescrit sans déclarer à l'enregistrement l'importance de la succession.

Il leur est réclamé pour un demi droit en sus :

En principal
Décimes

Je sollicite de votre bienveillance, Monsieur le Ministre, la remise de ce demi-droit en sus.

J'espère que vous ferez la part de notre inexpérience et que vous apprécierez, aussi, que nous sommes de bonne foi, et ne pouvions avoir la pensée de frauder le Trésor, après les poursuites judiciaires par nous intentées.

Veuillez agréer, etc.

III. Pétition en remise de double droit dû par suite d'insuffisance.

Après l'établissement des qualités, vous pouvez dire :
Ai l'honneur de vous exposer ce qui suit :
Lors de la déclaration de cette succession passée par le soussigné au bureau de   le   N°
une ferme sise à   commune de
dépendant de la communauté ayant existé entre le défunt et Madame X son épouse, et comprenant en outre des bâtiments d'habitation et d'exploitation et des immeubles par destination, diverses pièces de terre labourables, bois et prés, le tout d'une contenance de   hectares   ares   environ, a été déclarée d'un revenu de

M. le Sous-Inspecteur, en vérification au dit bureau, ayant apprécié que ce revenu était insuffisant, et devait être porté à   a réclamé aux héritiers le droit et le double droit au taux de   pour cent sur le capital de 1/2 de ce complément de revenu.

Nous avons résisté à cette réclamation pour les motifs que je fais valoir ci-après; mais, craignant les ennuis d'un procès qu'il nous serait fort difficile de suivre, nous avons consenti une soumission seulement pour un revenu de   1/2

        Capital par 25,

        Droit   pour cent   }

                décimes

                      droit en sus

Je sollicite de votre bienveillance, Monsieur le Ministre, la remise de ce droit en sus.

Le revenu de notre ferme était bien moindre au décès que lors des baux consentis successivement aux époux A et B., baux pris pour base par M. le Sous-Inspecteur. Notre contrée n'est pas une des moins éprouvées par la crise que subit, depuis longtemps, l'agriculture, et, à l'expiration du bail fait aux époux B.,   le défunt n'a pu trouver de nouveaux fermiers, même à des conditions bien inférieures à celles faites aux anciens, et a dû exploiter lui-même. C'est le revenu brut moyen qu'il a pu obtenir que nous avons déclaré.

Ayant été de bonne foi et conciliants, nous croyons pouvoir espérer, Monsieur le Ministre, que vous accueillerez favorablement notre demande.

        Veuillez agréer, etc.

IV. Pétition en remise de droit en sus.

Je, soussigné, Jacques Lamare, marchand mercier, demeurant à Paris, rue de Rivoli, n° 112,

Légataire universel de M. Pierre Lamare, mon frère, entrepreneur de peinture, décédé sans postérité ni héritier à réserve en sa demeure à Paris, rue du Faubourg Montmartre, n° 20, le 5 octobre 1884, aux termes du testament olographe de ce dernier en date du 17 septembre 1878, déposé à M° Fermont, notaire à Paris le 20 octobre 1884.

Ai l'honneur de solliciter de votre bienveillance la remise du droit en sus par moi encouru pour omission dans la déclaration faite après le décès de mon frère susnommé au   bureau des successions de Paris, le 26 février 1885, n° 212, d'une créance de 5,680 francs due verbalement au défunt par un sieur Lambou, ancien carrossier, demeurant actuellement à Amboise, Grande-Rue, n° 16.

Il m'est réclamé par l'administration de l'enregistrement à l'occasion de cette omission :

Droit principal à 6,50 0/0   369 20
Décimes   92 30   461 50
Et pour droit en sus   461 50
                                                    _____

Au total   923 »

Je vous prie, M. le Ministre, de considérer qu'au moment de ladite déclaration j'ignorais absolument l'existence de cette créance.

Qu'en effet, ce n'est que le 8 novembre 1885 que j'ai reçu d'un huissier d'Amboise une lettre qu'il avait adressée à mon frère (dont il ignorait le décès) l'informant qu'il se présentait une occasion de faire payer le sieur Lameau, jusqu'alors insolvable.

Que c'est à la suite de cette lettre qu'a été pratiquée, à ma requête, aux mains d'un notaire d'Amboise, chargé de la liquidation d'une succession échue audit sieur Lameau, une opposition qui a révélé ladite omission à l'enregistrement.

Qu'il est donc certain qu'il n'y a eu de ma part aucune intention de fraude.

Veuillez agréer, etc.

Il peut se faire qu'en dépouillant l'inventaire pour dresser la décla-
ration de succession, le clerc omette soit une valeur de bourse, soit une
créance, etc. Dans ce cas, il pourrait faire valoir par le pétitionnaire :

Que cette créance (ou cette valeur, etc.) figurant à l'inventaire, M. le Ministre appréciera certainement qu'il n'a pu entrer dans la pensée du pétitionnaire de la soustraire aux droits de mutation; que si elle n'a pas été comprise parmi les valeurs déclarées, c'est par suite d'une erreur matérielle et non par fraude.

_____

TABLE DES MATIÈRES

Actions 3
Ascendants (Quotité disponible. — Réserve). 6
Créances irrécouvrables 5
Curateurs 5
Déclarants. { Personnes tenues aux déclarations . . . 3
              et
              (Droits des) 4
Déclarations { hors délai. 5
               (formules des) . . . . 10 à 22
Délais pour déclarer 3
Descendants (Quotité disponible. — Réserve). 6
Dettes (non déduction des) 3
Éléments des déclarations 4
Enfant naturel (Droits de l') 6
Epoux (Quotité disponible entre) 7
Etat mobilier 22
Immeubles. { (Perception sur les) 2
             Urbains 2
             Ruraux 2
             (Lieux où ils doivent être déclarés) . . . 4
Insuffisances 6
Lignes 9
Meubles. { (Perception sur l(s) 2
            Corporels   { Lieu où ils doivent être déclarés. 4
            Incorporels
Nue propriété 2
Omissions 5
Parenthèse 10
Partages. 5
Parts d'intérêts. 3
Pénalités. 5
Pétitions (formules) . . . . 23 à 26
Prescription. 5
Procuration pour déclarer. 22

98

Prorogation de délais (demandes) 3
           formules de pétition 23
Quotité disponible. 6
Receveur (ses droits) 4

Rentes léguées { viagères / temporaires / perpétuelles / en nature } 3

Renonciations à créances irrécouvrables 5
— à successions. 0
Réserves. 0
Sociétés 3
Solidarité 5
Tableau généalogique. 8-9
Tarif 1
Tuteurs 5
Usufruit (évaluation de l' successif) 2
Ventilations. 4

J'ai dû, en raison des frais, élever le prix de cette édition à 1 fr. 35.

Je remercie sincèrement les nombreux souscripteurs qui ont bien voulu attendre la livraison de MM. SAUDAX, et Cie, mes nouveaux imprimeurs, à l'activité desquels je me plais à rendre hommage.

A. FOUGERAT.

TRAITÉ DE COMPTABILITÉ NOTARIALE

Je termine, en ce moment, un traité de comptabilité notariale que je compte livrer à l'impression à la fin de Décembre prochain.

Ce n'est plus un alphabet que je présenterai : les questions de chiffres peuvent être examinées superficiellement.

J'offre donc à Messieurs les Notaires, et à leurs clercs, un ouvrage qui, malgré son format restreint, sera aussi complet que possible, et ne laissera dans l'ombre aucune des questions intéressantes de la comptabilité.

Mon traité est rédigé suivant la méthode de comptabilité en partie double, en usage dans le commerce, laquelle selon moi, est la plus simple et la plus claire et se contrôle elle-même.

Je ne crois pas devoir m'appesantir sur la nécessité d'une bonne et facile comptabilité. Les questions agitées à ce sujet entre Messieurs les notaires au cours de l'année 1886, prouvent qu'ils en ont compris l'importance.

L'ouvrage pris chez moi, 10, rue Jean de Beauvais, à Paris, coûtera 2 fr. payable après réception. — Il ne sera livré que du 1ᵉʳ au 15 Janvier.

On souscrit dès à présent.

A. FOUGERAT.

PARIS.

IMPRIMERIE SAUDAX & Cᴵᴱ

6, QUAI DES ORFÈVRES, 6

1887.

www.ingramcontent.com/pod-product-compliance
Lightning Source LLC
Chambersburg PA
CBHW070748210326
41520CB00016B/4624